RAPPORTS

DE MM.

MICHAEL FORSTER,
INSPECTEUR DES MINES DE BUTTERKNOWLE (COMTÉ DE DURHAM),
JOHN THOMAS COOPER,
ESSAYEUR-CHIMISTE ET PROFESSEUR DE CHIMIE, A LONDRES,
ET ALEX. JAMIESON,
DOCTEUR ÈS SCIENCES ET INGÉNIEUR CIVIL CONSULTANT,

SUR LES

MINES DE HOUILLE
ET DE FER
DE TUDELA, ANEVES, EL FORNO,

A PROXIMITÉ D'OVIEDO (2 LIEUES 1/2); DU NALON, FLEUVE (1/4 DE LIEUE), DÉBOUCHANT AU PORT DE 1re CLASSE EL FORNO DE SAN-ESTEBAN (8 LIEUES),

ET AFFERMÉES

A LA COMPAGNIE DES HOUILLES ET FERS ASTURIENS,
2 Parliament street, Westminster, Londres,

PAR LE COMTE DE BEGDELIÈVRE-HAMAL.

PARIS,
TYPOGRAPHIE DE FIRMIN DIDOT FRÈRES,
IMPRIMEURS DE L'INSTITUT, RUE JACOB, 56.

1842.

RAPPORTS

DE MM.

MICHAEL FORSTER,

INSPECTEUR DES MINES DE BUTTERKNOWLE (COMTÉ DE DURHAM),

JOHN THOMAS COOPER,

ESSAYEUR-CHIMISTE ET PROFESSEUR DE CHIMIE, A LONDRES,

ET ALEX. JAMIESON,

DOCTEUR ÈS-SCIENCES ET INGÉNIEUR CIVIL CONSULTANT,

SUR LES

MINES DE HOUILLE

ET DE FER

DE TUDELA, ANEVES, EL FORNO,

A PROXIMITÉ D'OVIEDO (2 LIEUES 1/2); DU NALON, FLEUVE (1/4 DE LIEUE) DÉBOUCHANT AU PORT DE 1re CLASSE EL FORNO DE SAN-ESTEBAN (8 LIEUES),

ET AFFERMÉES

A LA COMPAGNIE DES HOUILLES ET FERS ASTURIENS,

2 Parliament street, Westminster, Londres,

PAR LE COMTE DE BECDELIÈVRE-HAMAL.

PARIS,

TYPOGRAPHIE DE FIRMIN DIDOT FRÈRES,

IMPRIMEURS DE L'INSTITUT, RUE JACOB, 56.

1842.

RAPPORT

DE

M. MICHAEL FORSTER,

INSPECTEUR DES MINES DE BUTTERKNOWLE (COMTÉ DE DURHAM).

Mines de charbon de Butterknowle, le 1er août 1842.

AU COMITÉ PROVISOIRE DE LA COMPAGNIE DE CHARBONS ET DE FERS ASTURIENS.

MESSIEURS,

Ayant examiné et dûment étudié la situation, l'étendue et les ressources des mines considérables de charbon de Tudela, près d'Oviédo, dans la province des Asturies, en Espagne, j'ai l'honneur de vous soumettre mon rapport à ce sujet.

Le terrain houiller de Tudela, compris dans vos concessions, s'étend, de l'est à l'ouest, dans une direction parallèle à la rivière du Nalon, à distance d'environ un mille et demi.

Le *drift,* ou le cours du niveau d'eau des gisements, est à peu près dans la même direction du nord au sud, ou dans l'inclinaison des gisements; son étendue est à peu près la même. Ce terrain houiller, borné au nord par la rivière du Nalon, continue vers le sud, et forme trois montagnes d'une élévation considérable : elles se dirigent à peu près dans une direction nord et sud, et sont connues sous les différents noms d'Aneves, de Tudela et d'El Forno.

Les bassins ou lits de charbon (et par conséquent la stratification qui les accompagne) sont presque perpendiculaires, et forment, avec l'horizon, un angle d'environ quatre-vingts degrés.

Comme on le verra bientôt, la quantité de charbon contenue dans cette étendue est suffisamment grande pour assurer une extraction considérable pendant un grand nombre d'années. Je recommande néanmoins à la Compagnie d'obtenir d'autres concessions contiguës au sud et à l'est, non-seulement dans le but d'assurer un supplément d'extraction, mais aussi pour empêcher d'autres personnes d'entrer en concurrence avec elle.

Les couches de houille déjà découvertes dans cet espace sont au nombre de vingt-quatre, dont j'ai choisi quatorze, des plus faciles à travailler : leur épaisseur varie de deux et demi à douze pieds; c'est de celles-ci que j'estime que l'approvisionnement sera fourni.

A mesure que les travaux s'étendront, il est très-probable qu'on rencontrera d'autres couches non encore découvertes.

Plusieurs de ces quatorze couches, sur lesquelles mon estimation est basée, ont été foncées à une distance considérable; leur épaisseur et leur continuité sont prouvées d'une manière tout à fait satisfaisante. J'ai jugé les autres couches par leurs affleurements et par les renseignements que j'ai reçus sur place d'ouvriers y travaillant depuis longtemps. Comme j'ai trouvé que leur rapport sur les couches, que j'ai eu l'occasion d'examiner, était exact, j'ai toute raison de croire à la véracité de leurs déclarations concernant celles que la brièveté de mon séjour m'a empêché de découvrir.

L'épaisseur totale du charbon exploitable, dans les quatorze couches ci-dessus mentionnées, donne une épaisseur variable que j'estime à cinquante-quatre pieds, et la quantité de charbon qu'elles fourniront, en ne calculant que la largeur, ou, parlant plus strictement, la hauteur des couches au-dessus de niveau de la rivière de Nalon, est, en moyenne, de trois cent quatre-vingts pieds tout le long de vos concessions. J'estime, abstraction faite du déchet causé par le travail, que le produit sera de cinq millions de yards cubes. Le poids spécifique étant communément douze cent soixante et une livres par yard cubes, la quantité de tonnes en pérat et en gaillette dans les yards cubes ci-dessus sera de quatre millions sept cent cinquante mille tonnes de deux mille deux cent quarante livres anglaises chacune; cette quantité suppléera à une consommation annuelle de cent mille tonnes de charbon en pérat ou en gaillette au delà de quarante-sept ans.

Il est très-probable que ces couches de charbon s'étendent considérablement dans la profondeur au-dessous du niveau de la rivière du Nalon. Je borne toutefois mes estimations actuelles entièrement au charbon situé au-dessus du niveau de la vallée, et qui, par cette raison, est avantageux et capable d'être mis à sec par des galeries d'écoulement et d'aérage conduites hors de la vallée.

La houille de Tudela est d'une qualité bitumineuse, fournissant beaucoup de flamme en brûlant, produisant d'excellent coke pour la fabrication du fer; elle convient parfaitement à la fabrication du gaz, à la consommation privée des maisons; sa dureté est suffisante pour supporter le transport. Le charbon de Tudela est, à mon avis, égal en qualité à celui expédié du nord de l'Angleterre pour les marchés du continent.

Ces gisements de charbon sont situés environ à la distance de trente milles sud-est du magnifique port d'embarquement de San Esteban, dans la vallée et à l'embouchure du fleuve le Nalon.

Il est bon de remarquer que les bâtiments de guerre remontent en tout temps ce fleuve jusqu'à El Forno de San Esteban.

Comme le Nalon n'est pas navigable dans toutes les saisons, il sera nécessaire d'établir une communication entre les mines de charbon et le port d'embarquement, par le moyen d'un chemin de fer, qu'on peut établir le long de la vallée, sur toute la distance de trente milles.

La nature du pays est particulièrement favorable à la construction de ce chemin de fer; mais comme cette question n'a formé aucune partie de l'inspection qui m'a été confiée, je bornerai nécessairement mes observations aux mines de charbon, estimant, comme une addition de frais, le coût du transport par le chemin de fer proposé.

Le coût pour transporter le charbon sur ce plan, y compris les machines, les chemins de fer d'exploitation à l'intérieur et au-dessus du fond., des tubes, waggons, mules, hangars, maisons d'agents et d'ouvriers, chantiers, magasins et tous autres bâtiments et outils nécessaires aux travaux et à l'embarquement du charbon, sauf le chemin de fer le long de la vallée, est estimé par moi comme suit :

	£.	s.	d.
Diriger deux paires de bures (drifts), de manière à rencontrer les premières veines (veins)............	6,720	0	0
Chemins de fer et pièces de liaison pour dito....	940	0	0
Établissement de puits hors des bures (drifts), pour foncer des galeries dans le charbon, et appareils pour amener le charhon, bois, plateaux, etc...........	1,492	0	0
Tubes pour le transport de charbon dans l'intérieur, portes d'aérage et plusieurs autres objets relatifs à l'aérage des mines..........................	1,125	0	0
A reporter...	10,277	0	0

D'autre part...	10,277	0	0
Achat de mules et harnais pour le transport intérieur..	360	0	0
Deux plans inclinés au commencement du chemin de fer, hangars et gargouilles, pour le chargement des waggons et autres appareils nécessaires.........	900	0	0
Waggons pour le transport des charbons. 250 à £22.	5,500	0	0
Maisons d'agents et d'ouvriers, chantiers et autres bâtiments..	2,200	0	0
Dépenses imprévues..........................	1,923	0	0
TOTAL......	21,160	0	0

Présumant que le transport se fera par le chemin de fer, je n'ai fait aucun calcul pour l'achat des mules.

Dans mon estimation pour l'exploitation des houillères, j'ai adopté le prix du fer anglais et de la fonte de métal importés en Espagne. Cependant, lorsque vos hauts-fourneaux seront établis et en pleine activité, le coût de ces matériaux sera considérablement réduit.

Du port de San-Esteban, les produits de vos mines de charbon peuvent, dans mon opinion, être envoyés au prix mentionné ci-après, sur toute l'étendue des côtes septentrionales et occidentales de la France, où ils rencontreront les charbons du nord de l'Angleterre et de la Belgique, en comprenant les ports intermédiaires de Santander, Bilbao, Saint-Sébastien et autres moins importants au nord de l'Espagne, et Bayonne, Bordeaux,

Lorient, et autres sur la côte occidentale de la France. A l'ouest, l'intérieur de l'Espagne par le Ferrol, la Corogne, Vigo, etc.; et au midi, le Portugal, Cadix, avec tous les ports de la côte orientale de l'Espagne, Valence, Barcelone, etc.; tels sont les débouchés qui me paraissent clairement désignés et ouverts comme marchés pour le produit de vos mines.

Quand votre extraction pourra excéder ces demandes, vous aurez un champ libre pour la consommation de la Méditerranée.

La position géographique de vos mines par rapport aux marchés dans lesquels on pourra disposer de leurs produits est donc parfaitement choisie.

En formulant mon opinion à l'égard des prix qui seront obtenus du charbon de vos gîsements, je n'ai pas perdu de vue la possibilité d'autres mines qui pourraient être ouvertes dans les Asturies : aussi ai-je calculé sur un prix de vente de douze schellings six deniers par tonne du meilleur charbon mis à bord. Ce prix est considérablement au-dessous de celui que vous obtiendrez aussi longtemps que vos charbons n'auront d'autres concurrents que les houillères d'Angleterre, de la Belgique et de France.

J'estime le coût de l'exploitation à trois schellings cinq deniers par tonne, y compris les droits de royauté, les frais de transport par chemin de fer, et ceux d'embarquement à trois schellings trois deniers par tonne; ce qui porte les frais jusqu'à bord à six schellings huit deniers. Il vous reste par conséquent un bénéfice de cinq schellings dix deniers par tonne.

Les charbons des Asturies se vendent constamment aux ports d'embarquement quatre réaux le quintal espagnol, représentant dix-huit schellings par tonne. Leur exploitation est extrêmement limitée.

Comme il y a une grande quantité de riche minerai de fer dans les concessions de Tudela, je pense qu'il est de l'intérêt de la Compagnie d'établir des hauts fourneaux pour la fonte du fer. J'ai estimé que le petit charbon séparé, quand il en sera fait du coke, sera employé à cet effet. La Compagnie créditera les mines de houille de cet article.

Afin de rendre cet important terrain houiller le plus productif possible, je recommanderai de suivre le mode d'exploitation ci-après : deux paires de bures ou galeries (drifts) à angles droits, avec le niveau d'eau des couches, seront foncées dans un endroit convenable au-dessous du calcaire dont la direction est parallèle à celle de la rivière du Nalon. Ces bures ou galeries serviront à l'écoulement et à l'aérage, et formeront aussi des routes par lesquelles le charbon sera extrait hors des galeries. Chacune de ces bures aura six pieds carrés ; elles seront bien soutenues par du bois, ou voûtées en pierres, s'il est nécessaire. Je dois faire observer que plus tard il conviendra, afin de profiter de tout le charbon placé au niveau de la rivière, de percer de nouvelles bures ou galeries dans le calcaire. Mais les bures mentionnées ci-dessus suffiront à l'extraction pendant plus de vingt-cinq ans. Ces bures seront étendues vers le sud jusqu'au point d'intersection avec les principales veines les plus rapprochées de la vallée, qui fourniront d'abord l'approvisionnement du charbon. La communication entre la partie extérieure de ces bures et le commencement du chemin de fer proposé doit nécessairement être effectuée par le moyen de deux petits plans inclinés mobiles, communiquant des bures au chemin de fer.

COUT D'EXPLOITATION DE 100,000 TONNEAUX.

Frais à l'intérieur des mines.

	£.	s.	d.
Pour abattre 100,000 tonneaux de charbon à 8 deniers.	3,333	6	8
Ajoutant 100,000 tonneaux de gaillette à 4 deniers..	1,666	13	4
Contre-maître, aides-mineurs et ouvriers divers pour amener le charbon au niveau de la galerie, etc...	2,558	6	6
Chandelles, huile, cordes, etc..................	650	0	0
Tubes pour le transport des charbons dans l'intérieur, chaînes pour les appareils, etc................	338	6	8
Petit ouvrage vertical pour l'aérage et pour amener le charbon au niveau de la galerie.................	416	13	4
	8,963	6	6

Frais d'exploitation à l'extérieur.

Pour amener le charbon, plans inclinés, borins, hangars, appareils, ouvriers, etc......	490	0	0	1,036	0	0
Charpentiers, hommes de peine, serruriers, etc.....................	327	12	0			
Chevaux pour charger les matériaux et chevaux des agents..............	218	8	0			
A reporter...				9,999	6	6

		£.	s.	d.
D'autre part...		9,999	6	6

Matériaux exigés pour travailler la quantité ci-dessus.

	£.	s.	d.	£.	s.	d.
Bois, fer et acier, non compris les waggons et tubes..........	1,004	10	0	7,104	10	0
Sellerie, frais de station, etc...	70	0	0			
Royauté, 100,000 tonneaux à 1 schell. par tonneau..........	5,000	0	0			
Contingences, travail dans la pierre, fautes et autres frais non prévus....................	1,030	0	0			
Frais pour lever les charbons et les mettre dans les waggons, y compris les royautés, 3 sch. 5 d. par tonneau..................................				17,103	16	6

Ne connaissant pas l'échelle sur laquelle la Compagnie entend tenir son service d'administration, je n'ai porté aucune somme d'estimation pour cet article.

Transport et autres frais sur le chemin de fer et place d'embarquement.

Comme il sera nécessaire d'ôter un quart du charbon tiré des mines pour rendre le reste très-marchand, la quantité pour l'embarquement sera de soixante-quinze mille tonneaux du meilleur charbon.

Transport sur le chemin de fer, 30 milles à 1 d. par tonneau par mille, y compris les frais d'embarquement............	0	2	6			
Commission, etc...............	0	0	4			
75,000 tonneaux à...............	0	2	10	10,625	0	0
Réparations de waggons à 5 d. par ton..........				1,562	10	0
Coût total..........				29,291	6	6

VENTE.

	£.	s.	d.
75,000 tonneaux du meilleur charbon mis à bord du navire, à 12 sch. 6 d.	46,875	0	0
25,000 tonneaux du petit charbon pour les besoins de hauts fourneaux, à Tudela, à 3 sch. 5 d. par tonneau (prix d'achat)	4,270	16	8
Montant total de la vente	51,145	16	8
En déduisant le travail et la mise à bord de la quantité de charbon	29,291	6	6
Reste un profit annuel de	21,854	10	2

A l'égard de l'exploitation des mines, je dois observer à la fin que comme mon attention, durant mon bref séjour dans le pays, fut dirigée nécessairement sur l'examen de la quantité et de la qualité des mines dans ces masses de charbon, plutôt que sur le mode précis de les ouvrir, je recommanderai qu'une inspection minutieuse et détaillée soit faite du district, et que l'on prenne en grande considération cet objet, avant que les opérations ne soient activement commencées.

J'ai l'honneur d'être,

Messieurs,

Votre très-humble serviteur,

Signé : Michael Forster,

Inspecteur des mines.

Je soussigné

Je soussigné Charles Hasenfeld, traducteur-interprète juré, assermenté pour les langues européennes, certifie que ce qui précède est une traduction fidèle et conforme à l'original qui m'a été présenté, et que j'ai rendu, après l'avoir signé, *ne varietur*. En foi de quoi j'ai signé, à Paris, le douze octobre mil huit cent quarante-deux.

Signé : Hasenfeld.

RAPPORT

DE

M. JOHN THOMAS COOPER,

ESSAYEUR-CHIMISTE ET PROFESSEUR DE CHIMIE, A LONDRES,

AU COMITÉ PROVISOIRE DE LA COMPAGNIE DES CHARBONS ET FERS ASTURIENS.

Messieurs,

Conformément aux instructions que j'ai reçues de vous, j'ai procédé, avec la députation de votre comité, à l'inspection des districts houillers des Asturies. Ayant reçu communication du rapport de M. Forster, j'ai l'honneur de confirmer ce rapport dans toutes ses parties, tant en ce qui concerne l'étendue et l'abondance du charbon dans le district de Tudela que j'ai inspecté personnellement et minutieusement, en compagnie de M. Forster et des autres personnes qui faisaient partie de la députation, qu'en ce qui y est dit sur le nombre, l'étendue et l'épaisseur des couches.

Pendant que nous nous occupions des explorations précédentes, je fis indistinctement prendre, sous ma propre inspection immédiate, des échantillons de quelques-unes des plus grandes couches, lesquels échantillons furent ensuite renfermés, en ma présence, dans une boîte pour être envoyés en Angleterre, dans le but de les examiner et de les analyser. Peu après leur arrivée, j'ai commencé cet examen; et je suis heureux d'être à même d'établir, comme les résultats suivants le démontrent, l'excellente qualité de ces échantillons.

L'analyse suivante montrera les résultats d'un examen chimique très-minutieux de trois des veines principales :

Cueva, ou veine de 1 yard.

Coke..........	68 02	Carbone, 66. Matière terreuse et oxyde de fer, 2 02.
Matières volatiles.	31 08.	Eau, produits gazeux et soufre.

La Manuela, ou veine de 3 yards.

Coke...........	69 00	Carbone, 67 09. Matière terreuse et oxyde de fer, 1 01.
Matières volatiles.	30 09.	Eau, produits gazeux et soufre.

La Vallina alta, ou veine de 4 yards.

Coke..........	66 00	Carbone, 63 05. Matière terreuse et oxyde de fer, .02 05.
Matières volatiles.	33 09.	Eau, produits gazeux et soufre.

La quantité du soufre est uniforme dans le total des échantillons, et ne monte, en aucun cas, à un demi pour cent.

Par ces examens, je suis amené à conclure que les trois qualités ci-dessus de charbon sont, à tous égards, aussi propres aux besoins des hauts fourneaux, forges, etc., etc., à la fabrication du gaz, etc., etc., que les meilleurs charbons de la Grande-Bretagne, dont l'analyse m'a été confiée.

Les autres veines dont M. Forster parle dans son rapport, donnant, réunies, une épaisseur de cinquante-quatre pieds, ne sont en aucune manière inférieures en qualité à celles ci-dessus mentionnées.

La pureté du grès ferrugineux et du minerai de fer, dont les concessions de Tudela abondent, ont naturellement dirigé mon attention vers la possibilité de fabriquer du fer dans ce district ou dans son voisinage immédiat, soit par l'établissement de hauts fourneaux, et en procédant par la méthode à présent pratiquée en Angleterre, ou par le procédé plus simple des forges à la catalane, toutefois en substituant le coke, ou, en d'autres termes, le charbon minéral au charbon de bois actuellement en usage en Espagne, en France et dans quelques parties de l'Allemagne. Quoique je ne sache pas que le coke ait jamais été employé pour la production du fer par les moyens de la forge à la catalane, j'ai tout lieu de croire qu'il faut en attribuer la cause plutôt au manque de houilles dans les lieux où ces forges sont situées qu'à l'impossibilité de l'y appliquer.

Jusqu'ici, il n'existe pas un seul haut fourneau dans toute la Péninsule, et par conséquent l'Espagne est entièrement dépendante, pour son approvisionnement de fer, des fonderies des nations étrangères.

Or, comme dans les concessions de Tudela il existe du minerai de fer de bonne qualité et en quantité suffisante, ainsi que les analyses ci-dessous le démontreront, et comme la pierre calcaire s'y trouve en grande abondance avec une castine et terre réfractaire sous la main, et de bonne qualité, ainsi que des chutes d'eau pour les souffleries, il se rencontre donc une réunion de toutes les circonstances requises pour l'établissement de hauts fourneaux, et conséquemment pour la fabrication de fonte de fer en qualité convenable; et, dans mon opinion, à un prix qui fournira de grands bénéfices.

Analyse du grès ferrugineux.

Protoxyde de fer	44	02	—Fer, 34 04
Matière terreuse, consistant en alumine, silice, avec une trace de manganèse	31	00	
Chaux	00	6	
Acide carbonique et eau	23	00	
Matières carbonacées	00	05	
Perte	00	07	
	100	00	

Analyse du minerai de fer.

Échantillon marqué N° 1.

Peroxyde de fer, avec une trace de manganèse	85	05	—Fer, 59 09
Alumine, silice, et une trace de chaux	14	05	
	100	00	

Échantillon N° 2.

Peroxyde de fer et une trace de manganèse..	54 00	—Fer, 37 08
Alumine, avec une grande quantité de silice.	40 00	
Eau.	06 00	
	100	

Échantillon N° 3.

Peroxyde de fer.	79 02	—Fer, 55 05
Alumine, avec une petite quantité de silice..	08 00	
Eau.	12 08	
	100 00	

Comme nouveau motif pour moi de recommander à votre attention l'introduction de la fabrication du fer en Espagne, je peux déclarer que je me suis assuré que le droit d'importation sur la fonte de fer est de trente-cinq schellings par tonneau, et sur le fer malléable, ou fer en barres, soixante schellings; mais si la fonte est sous toute autre forme que celle de gueuses, elle est assujettie au plus élevé de ces deux droits. Je dois ici constater que j'ai été informé, par trois différentes personnes, toutes indépendantes et demeurant éloignées l'une de l'autre, que le prix du fer enbarres, entoute quantité, petite ou grande, était d'un réal ou deuxdeniers et demi par livre, ou vingt-trois livres six schellings par tonne à la fabrique; que la fabrication en était très-limitée, et que la quantité fournie par les établissements était insuffisante.

Dans la supposition que, par suite de la perte dans la fabrication du fer par la forge à la catalane, en raison de la quantité de fer à l'état d'oxyde qui s'en va avec les scories, il faudrait environ six tonnes de minerai de fer de Tudela pour faire une tonne de fer en barres, et environ six tonnes de coke pour la production d'une quantité égale; ce qui, suivant les analyses ci-dessus des charbons de Tudela, exigerait neuf tonnes de charbon.

J'estime le coût de production d'une tonne de fer en barres dans les Asturies comme suit :

	£.	s.	d.
Six tonnes de minerai à 5 sch.	1	10	00
Neuf tonnes de charbon à 3 sch. 6 d.	1	10	06
Frais relatifs à la fabrication du coke, y compris la main-d'œuvre, l'intérêt sur le capital déboursé dans l'établissement des fours, et usure des mêmes	0	18	00
Main-d'œuvre en fabriquant le fer, intérêt sur le capital employé dans l'établissement des machines, et usure	2	01	06
	6	00	00

Je n'entends pas cependant maintenir l'estimation ci-dessus, car j'ai des motifs pour croire que les quantités de minerai de fer et de charbon sont plus élevées en théorie qu'il ne sera trouvé nécessaire dans la pratique. Quant au dernier article, je pense que j'ai estimé à un trop haut prix le montant de la main-d'œuvre; mais, supposant même que le coût de la production excéderait cette estimation d'une augmentation de frais de L. 1 par tonne, occasionnée par une circonstance quelconque et imprévue, la différence du prix entre L. 7 par tonne, auquel il est présumé que le fer peut être fait, et le prix de vente actuel de vingt-trois livres sterlings par tonne, justifie suffisamment ma recommandation pressante touchant l'opportunité de procéder immédiatement à l'érection de quelques forges sur une échelle de dépense modérée, dans le but de soumettre l'opération à l'épreuve de l'expérience, tant pour s'assurer de la possibilité d'obtenir du fer de bonne qualité avec le minerai de fer de Tudela par l'usage du coke, au lieu de charbon de bois, que pour se fixer définitivement sur le coût auquel il peut être produit dans le pays.

Indépendamment de ce que je viens d'établir comme objets dignes de votre sérieuse attention, je dois vous faire observer que les mœurs et le caractère de la population de cette partie de l'Espagne diffèrent, à beaucoup d'égards, de ceux des Espagnols en général. Autant que j'ai été à même de l'observer, l'Asturien est un peuple rangé et industrieux. Honnête et respectueux dans ses manières, et très-sobre dans ses habitudes, il se contente de peu de gain. Les gages d'un ouvrier, autant que j'ai été en état de l'apprendre, n'excèdent pas dix deniers par jour, et ceux d'un artisan, tel que charpentier, maçon ou forgeron, environ quinze à dix-sept pence et demi.

L'isolement des Asturies, étant séparées du reste de l'Espagne par de hautes montagnes, est sans doute la cause à laquelle il faut attribuer la conservation des mœurs simples et primitives des habitants, et leur ignorance de la construction et de l'usage des inventions les plus simples pour économiser le temps et le travail. L'agriculture semble absorber presque toute leur attention ; et les efforts qu'ils font pour soigner leurs moissons et pour rendre dans un bon état de culture de petites portions de terrain presque stériles sur le penchant des montagnes peut être cité comme une preuve de leur industrie persévérante.

A l'égard du chiffre de la population, je n'ai pas eu de moyens très-exacts de le déterminer durant mon séjour dans le district de Tudela; mais j'ai trouvé que, quand des ouvriers ont été demandés pour quelque opération, on a pu les obtenir aisément.

Parmi la classe mâle, on se plaignait du manque d'emploi. Le travail dans les champs est, pour la plus grande partie, fait par les femmes; je crois que, comme les Asturies, peut-être par leur position isolée, n'ont jamais été le théâtre de la guerre civile, et, par conséquent, ont été exemptées de ses effets dévastateurs, il y a un excès dans la population travaillante; comme preuve à l'appui, j'ai appris qu'une grande partie de la population mâle émigrait annuellement dans les provinces d'Espagne plus fertiles et moins peuplées, pendant les mois où une abondance de bras est nécessaire pour assurer la moisson.

Prenant en considération l'abondance et l'excellente qualité du charbon, la facilité, et, par suite, le bon marché avec lequel il peut être travaillé, ainsi que la grande quantité du minerai de fer dans le district de Tudela, en outre, le bas prix du travail, je suis d'opinion qu'une bonne occasion se présente ici de placer avec sûreté et profit les capitaux que vous destinez à l'exploitation de *Tudela*.

Je suis,

Messieurs,

Votre très-humble, etc.,

Signé : John Thomas Cooper.

Blackfriars Road.
Londres, août mil huit cent quarante-deux.

Je soussigné Charles Hasenfeld, interprète-traducteur juré, assermenté pour les langues européennes, certifie que ce qui précède est une traduction fidèle et conforme à l'original qui m'a été présenté, et que j'ai rendu après l'avoir signé, *ne varietur*. En foi de quoi j'ai signé, à Paris, le quinze octobre mil huit cent quarante-deux.

Signé : Hasenfeld.

RAPPORT

DE

M. LE DR JAMIESON,

SUR LES RAPPORTS

DE MM. FORSTER ET COOPER,

AU COMITÉ PROVISOIRE DE LA COMPAGNIE DES MINES DE CHARBON ET DE FER DES ASTURIES.

REMARQUES D'INTRODUCTION.

MESSIEURS,

En considérant la possibilité de toute nouvelle entreprise, il y a deux choses qui attirent immédiatement notre attention : premièrement, le coût ; secondement, les bénéfices du projet. C'est par une estimation soigneuse de ces deux objets que nous pouvons juger si le capital placé, sans être exposé à de plus grands risques que dans d'autres entreprises commerciales, peut fournir un aussi grand intérêt que celui qui serait obtenu dans le cours usuel des affaires. Cependant, comme les rapports les plus flatteurs n'ont pas toujours garanti le succès, il est convenable, dans l'examen auquel nous allons nous livrer, qu'une comparaison soit établie entre l'entreprise proposée et d'autres d'un caractère semblable qui ont été exploitées pratiquement. Nous arriverons ainsi à l'estimation dont je viens de parler. Elle a pour objet d'éclairer l'opinion des personnes indifférentes auxquelles la prudence dictera alors de s'engager dans une entreprise que leur intérêt indiquerait comme éminemment avantageuse. Car il doit être affirmé qu'une spéculation commerciale qui ne rapporte pas de profit ne trouvera pas d'avocats parmi les gens honnêtes, et qu'une spéculation qui n'offre que des avantages incertains ne pourra vraisemblablement pas engager l'attention des capitalistes, auxquels tant de sources de placement profitable sont constamment offertes.

Dans l'esprit de ce bref préambule, je vais actuellement procéder à l'examen scrupuleux des rapports qui me sont soumis, concernant le projet d'exploiter les mines de charbon et de fer de Tudela, près d'Oviédo, dans la province des Asturies, au nord de l'Espagne.

Rapports de MM. Forster et Cooper.

On a demandé avec raison deux rapports, l'un à M. Michael Forster, inspecteur des mines de charbon de Butterknowle, comté de Durham; l'autre à M. John Thomas Cooper, essayeur des minéraux et professeur de chimie.

Avantages de cette division de travail.

Il est manifeste qu'ici, par la division du travail et le choix de ces deux hommes, chacun parfaitement familier avec sa spécialité, et versés dans les affaires, le Comité provisoire a pris les meilleurs moyens qui étaient en son pouvoir pour obtenir des informations dont on peut raisonnablement conclure des résultats heureux, accompagnés d'un grand bénéfice.

Garantie que le rapport de M. Forster est exact.

Premièrement, M. Forster, en homme pratique, inspecte les terrains houillers de Tudela avec toute la connaissance et toute l'expérience d'un inspecteur des houilles du comté de Durham, et l'exactitude générale de son rapport est garantie par son association dans les mines de houille de Butterknowle.

Garantie d'exactitude du rapport de M. Cooper.

Secondement, M. Cooper a été le compagnon de M. Forster pendant cette inspection. Les échantillons de charbon qu'il a produits à l'appui ont donc été obtenus sous les yeux d'un juge compétent, et ont été soumis en Angleterre au procédé ordinaire pour déterminer leurs qualités.

Utilité de deux rapports.

Le rapport de M. Forster serait incomplet sans l'analyse chimique de M. Cooper, et les différents essais de M. Cooper ne donneraient pas au Comité provisoire les moyens de persévérer dans son entreprise sans les estimations de M. Forster, comme ingénieur. Ces deux rapports combinés me permettent d'offrir les observations suivantes sur la praticabilité et le profit du travail des mines de charbon de Tudela, ou, en d'autres termes, de décider si le Comité peut sans crainte rechercher l'appui de capitalistes pour lui donner les moyens de poursuivre l'entreprise.

Concessions absolues et incontestables.

Il faut démontrer que le titre des concessions est bon, et qu'il ne peut pas par la suite être troublé, soit par la cupidité du propriétaire ou par des changements dans l'administration de la Compagnie.

Revue des districts houillers.

Dans la grande surface de houille de la Grande-Bretagne, ayant une étendue en longueur de deux cent soixante milles et en largeur d'environ cent cinquante milles, compris dans une ligne diagonale depuis Hull jusqu'à Bristol, en Angleterre, et depuis la rivière Tay jusqu'au Clyde, en Écosse, nous trouvons une grande variété de roches ou stratifications entassées sous un petit angle avec l'horizon, quoique dans certains cas elles soient à peu près verticales comme dans leur état primitif. Pour posséder les trésors précieux cachés parmi ces roches, un énorme capital d'argent est employé, et toute l'habileté de l'esprit humain dans la science de l'ingénieur est mise à contribution afin de rendre ce capital productif pour ses nombreux propriétaires.

Position des formations de charbon semblables à celles de Tudela.

Nous trouvons que les formations de charbon, dans la Grande-Bretagne, suivent chaque irrégularité de la roche sur laquelle elles reposent. C'est aussi le cas des gisements de Tudela. Les gisements ou couches de charbon sont à peu près perpendiculaires, et forment un angle d'environ quatre-vingts degrés avec l'horizon. On pourrait s'en référer à plusieurs exemples où, dans la Grande-Bretagne, cette particularité se présente, et elle est caractéristique pour le district houiller de Munster en Irlande, où l'inclinaison est, soit au nord, soit au sud, à angles variant de quarante-cinq à quatre-vingt-cinq degrés avec l'horizon, tandis que quelquefois les couches sont entièrement verticales. Il faut attribuer à la pente rapide de l'angle (d'ordinaire de soixante à soixante-dix degrés) l'obligation de conduire les opérations minières dans le même système que celle des filons métalliques ou mines qui ont rapport avec les travaux métallurgiques; les lits de charbon sont, par suite de cette circonstance, appelés filons (veins), et non couches, comme dans d'autres districts, où des puits perpendiculaires ont été creusés pour l'exploitation.

Construction de bures (drifts) pour l'exploitation des filons de charbon.

Les travaux tels que les bures ou galeries (drifts ou tunnels) proposés par M. Forster, pour les terrains de houille des

Asturies, ont été connus en Angleterre de temps immémorial.

Travaux à faire par contrat.

Mais, pour exécuter ces galeries souterraines, il faut des mineurs experts. Ces ouvrages devront être soumissionnés par contrat : ceci étant le mode le moins onéreux et le meilleur pour obtenir une quantité donnée de travail à un prix déterminé et dans un temps voulu ; en outre, par un contrat, les meilleurs moyens sont employés pour éviter les dépenses ruineuses qu'occasionnent des essais.

Le rapport de M. Forster est correct.

Comptant la longueur des bures à cent douze yards, l'estimation de M. Forster coïncide avec la dépense de ces ouvrages en Angleterre, dans les entreprises de chemins de fer ; et si l'entreprise est affermée par contrat, la somme allouée pour cet article paraît juste et raisonnable.

Comparaison du charbon d'Irlande avec la houille de Tudela.

Les bures (drifts) de Tudela ressemblent à la face d'escarpement (cliff) de Fairshead en Irlande.

M. Forster a proposé d'établir deux paires de ces bures pour arriver aux couches de charbon les plus proches de la vallée, puis, à partir du point d'intersection, d'établir des galeries qui seraient pratiquées dans les couches desquelles l'extraction de charbon proviendra d'abord ; or, ces bures pénétreraient dans les couches de charbon, selon qu'elles seraient plus éloignées de leurs embouchures, comme aux galeries de la face de l'escarpement (cliff) de Fairshead en Irlande. Dans cette contrée, le charbon affleure à une élévation considérable au-dessus de la mer, et quelques-unes des galeries ou bures ont été pratiquées au delà de trois cents yards en longueur avant que le charbon ne pût être extrait, et cependant ce gisement de charbon a été exploité dès les temps les plus reculés.

Ayant comparé le charbon exploité en Irlande avec celui dont on se sert aujourd'hui en Espagne, je vais faire connaître brièvement les résultats de mon travail. Les terrains houillers de Sheve-Arda, dans le comté de Tippérary, produisent l'anthracite contenant quatre-vingt-seize pour cent de charbon; environ trois cents hommes, à l'aide de cinq machines à vapeur, produisent annuellement trente mille tonnes de charbon, qui, dans la valeur présente, peuvent être évaluées à dix schellings par tonne. Les houillères du comté de Kilkenny fournissent environ quarante-trois mille tonnes qui se vendent de quinze à vingt schellings la tonne, et environ soixante-dix tonnes de fraisil, estimées de quatre à cinq schellings la tonne. L'Irlande n'exporte pas de charbon; au contraire, elle paye annuellement environ huit cent deux mille sept cent quarante-neuf livres sterling pour un million mille trois cent soixante-dix-huit tonnes qui sont reçues dans les quarante ports de toute l'île.

Or, le charbon consommé en Espagne se monte seulement à environ cinquante mille tonnes, desquelles près de trente-deux mille tonnes sont fournies par l'Angleterre et à un très-haut prix. Cependant que l'Espagne parvienne à obtenir une extraction suffisante de charbon indigène à un prix modéré ou à un bas prix, et l'arrivée par mer du charbon d'Angleterre aura cessé pour toujours. En effet, il peut être calculé que là où une tonne de charbon anglais est actuellement employée, dix tonnes de charbon indigène seraient consommées; et outre cela il y a là le marché du monde pour acheter tout ce qui pourrait être extrait des mines de Tudela; nous pouvons même assurer que les charbons des Asturies auront une préférence marquée sur tous les autres. Je parle ici seulement de charbon en bloc pour l'exportation.

Conversion du petit charbon en masses pour la navigation à la vapeur.

Tout le petit charbon de Tudela qui ne pourrait pas être employé pour la fabrication du fer, sera converti, par un procédé aisé, en masses compactes endurcies, sous la forme de briques servant de matière combustible pour la navigation à la vapeur. Ainsi chaque once de charbon superflu de Tudela devient une source nouvelle de profits, puisqu'on l'emploie pour le fourneau ou comme combustible endurci pour la navigation à la vapeur.

Comparaison du charbon de Tudela avec celui de la Grande-Bretagne.

Supposons que, par des bures comme celles proposées

par M. Forster, nous soyons arrivés au cœur du charbon, bien au-dessous de l'affleurement où M. Cooper a recueilli ses échantillons, et que nous ayons atteint le combustible dans son état naturel, alors, s'il est conforme en général à la série suivante, il ne peut pas y avoir de doute sur son excellence, ayant ce fait toujours sous nos yeux, qu'il ne se présente généralement aucune difficulté d'exploiter le charbon, même s'il y avait des sources d'eau considérables; ce qui n'a pas lieu à Tudela.

NOMS, ETC.	COMPOSITION.	POIDS, ETC.	NOMBRE par CALCUL.	POIDS, ETC. par EXPÉRIENCE.
Caking coal (charbon en croûte) de Newcastle. Analyse de Thompson.	Hydrog. 0,416 Carbone 7,516	334 2,000	2080 8100	9230 par Black. 8675 par Wast.
		2,334	10180	
Cherry coal de Glasgow. Analyse de Thompson.	Hydrog. 100 Carbone 666	80 1,78	5000 7192	NOTA. Si nous supposons la consommation du gaz de ce charbon égale à 5000 fourneaux ou (sits), la quantité de charbon à gaz ou charbon pour carboniser, pour entretenir cet approvisionnement, peut être élevée à près de 3 1/2 tonnes par jour.
Splint coal, matières terreuses non soumises à l'analyse.	Hydrog. 0,43 Carbone 7,09 accordant 10 pour cent pour cendres.	345 89	2150 7657	
		2235	9807	
			8226	

Ces résultats pour les composés binaires sont, à très-peu près, conformes à l'examen plus scientifique des charbons de Tudela par M. Cooper. Les analyses suivantes mesurent les effets du charbon *cannel* (ou houille compacte) de Wigan comme gaz, et du charbon inférieur de Staffordshire comme combustible.

SORTE DE CHARBON.	COMPOSITION.	OXYGÈNE.	CHALEUR.
Wigan...........	134 gaz.......	0,54	2750
	635 coke......	1,45	5759
		1,99	8509
Staffordshire........	123 gaz.......	0,49	2460
	61 coke......	1,39	5534
		1,88	7994

Appuyant à présent notre raisonnement sur les analyses, nous sommes en droit d'attendre des résultats supérieurs du charbon de terre de Tudela pour la navigation à la vapeur ; nous pouvons démontrer que les analyses de M. Cooper donnent des résultats équivalents aux expériences suivantes enregistrées par Tredgold.

ESPÈCES de COMBUSTIBLES.	Effet en livres d'eau chauffée à un degré par 1 livre de combustible.	Effet en livres d'eau convertie en vapeur de 220.	Quantité pour convertir un pied cube d'eau en vapeur de basse pression.	Quantité pour convertir un pied cube d'eau en vapeur, admettant 10 pour cent pour perte.
Moyen d'évaluer les effets du charbon de Splint et de Staffordshire. .	8400 liv.	7,18 liv.	8,82 liv.	9,78 liv.

Ceci correspond, à très-peu près, avec les déductions de Black et de Watt.

LOCALITÉ du COMBUSTIBLE.	Effet en livres d'eau chauffée à un degré par 1 livre de combustible.	Effet en livres d'eau convertie en vapeur de 220.	Quantité pour convertir un pied cube d'eau en vapeur de basse pression.	EXPÉRIENCE par
Charbon de Newcastle.	8675 liv.	7,4 liv.	8,75 liv.	Watt.
Dito et de Wednesbury.	9230 liv.	7,9 liv.	7,9 liv.	Black.
Walls End.	10050 liv.	8,6 liv.	7,25 liv.	Tredgold.

Le petit charbon, ou charbon de rebut, produit environ trois quarts de l'effet du bon charbon de la même espèce; mais, préparé artificiellement de la manière indiquée ci-dessus, il peut être rendu égal et occuper un espace moindre de trente pour cent, ce qui est d'une immense importance pour la navigation à la vapeur.

Quatre grands débouchés pour la consommation du charbon.

Les quatre grands débouchés pour le charbon sont : les usages domestiques, les opérations des arts, comme les fourneaux et fonderies, l'éclairage ou l'illumination des villes, et la vapeur soit dans les navires à vapeur pour les voyages sur mer, soit dans les fabriques pour les machines fixes, soit dans les locomotives sur les chemins de fer. Les résultats qui précèdent, bien confirmés par des expériences et comparés avec ceux obtenus par M. Cooper, ne laissent pas de doute que le charbon de Tudela est égal aux charbons les plus marchands dans les tableaux qui précèdent, et qui sont communément employés dans les quatre débouchés énumérés ci-dessus.

TREDGOLD ET THOMPSON.			COOPER.		
CHARBON.	CARBONE.	COKE.	CHARBON.	CARBONE.	COKE.
Newcastle....	7516		Cueva......	66,0	68,2
Glasgow.....	666		Manuela.....	69,9	69,0
Splint.......	709		Vallina..... } Alta....... }	63,5	66,0
Wigan......		635			
Stafford.....		61			

Il est à croire que, si les expériences de Thompson avaient été conduites avec la rigueur apportée par M. Cooper en analysant le charbon de Tudela, nous approcherions beaucoup plus près des résultats dans le tableau qui précède; mais comme les résultats de M. Cooper proviennent d'expériences indispensables qui ont eu lieu afin de prouver la vérité, nous pouvons parfaitement ranger le charbon de Tudela à côté du meilleur charbon anglais.

M. Forster estime l'épaisseur totale des quatorze gisements à cinquante-quatre pieds, et leur hauteur à trois cent quatre-vingts pieds. Il calcule que cinq millions de yards cubes existent dans les terrains houillers de Tudela. Ce calcul repose sur le principe bien connu qu'un pied cube de charbon pèse soixante-quinze à quatre-vingts livres, et que, comme vingt-sept pieds sont égaux à une tonne par yard cube, quatre mille huit cent quarante yards cubes peuvent être extraits de chaque acre horizontal d'un yard d'épaisseur. Or, il est entièrement sans conséquence si l'arpentage est appliqué aux gisements de charbon dans des positions horizontales ou inclinées : le résultat est le même.

Par suite de cela, un acre de charbon d'une épaisseur de deux yards fournirait neuf mille tonnes, et cinq pieds environ huit mille tonnes. Mais il est rare que des mines de charbon, dans la Grande-Bretagne, aient plus de quatre à cinq couches exploitables, et celles-ci varient de quelques pouces à plusieurs pieds.

A Monkweymouth, il y a trente et une couches dans quinze cent quatre-vingt-quatre pieds, avec quarante-sept pieds de charbon, et je crois seulement qu'une couche est exploitée. A Blawenilh, dans une profondeur de douze cent trente-six pieds, et dans deux cent quatre-vingt-trois différentes strata, il y a quarante-cinq couches avec soixante pieds de charbon, dont seulement deux à trois couches sont exploitées. Dans les houillères de Seghell, près de Newcastle, le puits a soixante brasses de profondeur, et quatre couches de charbon exploitées ont plus de trois yards d'épaisseur. A Walls-End, près de South-Shilds, le puits de charbon a cent vingt-cinq brasses, et six couches de charbon exploitées ont environ cinq pieds d'épaisseur; cinq autres strata n'ont que trois quarts de yard. High-Heworth a cent trente-neuf brasses et vingt-quatre couches, dont trois ont sept, six et cinq pieds. La mine de Hettom-Blossom a cent brasses et vingt-cinq pieds de couches exploitées; la plus petite mine (minor pit), près de la précédente, a cent quarante-sept brasses et quarante-deux pieds de couches exploitées; à la couche la plus basse, elle a environ deux yards d'épaisseur; une couche de charbon supérieure, à Dudley, a dix yards. Près de Paisley, dix lits ont trente-trois yards, et, près de Ponsipool, vingt-trois lits ont trente et un yards de charbon.

Si, par les données qui précèdent, nous estimons les gisements, l'un dans l'autre, à douze pieds, et si nous prenons un yard cube pour une tonne pour chaque mille, ils fourniraient douze millions et demi de tonnes; et, sans traiter absolument de la matière, si nous nous référons seulement à la surface des sections des terrains houillers de la Grande-Bretagne, quand il y a abondance de gisements de charbon, il pourrait être démontré qu'il peut y être produit vingt millions de tonnes par an, pendant une période de quatre mille ans.

Or, commercialement parlant, avec cet approvisionnement extraordinaire, rien ne saurait tenter les capitalistes d'exploiter les mines de houille hors de la Grande-Bretagne, si ce n'est la surabondance des terrains houillers de Tudela, le bon marché de la production, la facilité des marchés, et la différence de prix auxquels les charbons anglais et asturiens respectivement pourront être vendus dans ces marchés. Nous avons devant nous la preuve, par des chiffres, que les terrains houillers de Tudela rivalisent complétement avec les meilleurs charbons de la Grande-Bretagne, puisqu'à la surface le charbon de Tudela est égal en qualité à celui de la Grande-Bretagne, qu'on extrait de profondeurs considérables, et que le prix de vente sera beaucoup moindre sur les nombreux marchés du continent, qui demandent un approvisionnement immédiat et constant, même au-dessus de ce que Tudela peut fournir.

On peut donc prédire, par de bons motifs, que ces terrains houillers des Asturies deviendront une spéculation extrêmement profitable pour une compagnie, s'ils sont exploités avec courage, persévérance et énergie, et dirigés par des personnes versées dans toutes les opérations des terrains houillers.

Les faits qui précèdent faisant connaître les caractères précis et les produits des terrains houillers de la Grande-Bretagne, me mettent en état de corroborer les points établis dans le rapport de M. Forster; et je ne puis mieux terminer mes observations sur les gisements de charbon de Tudela qu'en employant les propres expressions de M. Cooper : « Les trois qualités de charbon de Tudela sont « aussi parfaitement convenables, pour la production de la « vapeur dans les fonderies, forges et autres établissements « semblables, pour la fabrication du gaz et les besoins do- « mestiques, que toute espèce de charbon de la Grande- « Bretagne que j'aie jamais analysé. »

Les autres veines dont M. Forster parle dans son rapport et qui donnent réunies une épaisseur de cinquante-quatre pieds, sont égales en qualité à celles dont je viens de parler.

J'examinerai à présent le rapport de M. Cooper sur le grès ferrugineux et le minerai de fer qui abondent dans les *concessions* de la Compagnie à Tudela, et j'émettrai mon opinion sur la facilité de fabriquer le fer dans ce district ou dans son voisinage, soit par l'établissement de hauts fourneaux et en procédant par les procédés actuellement suivis en Angleterre, soit par celui plus simple des forges catalanes, sauf la substitution du coke, ou, en d'autres termes, du charbon minéral au charbon de bois, dont on se sert en Espagne, en France et dans quelques parties de l'Allemagne.

En comparant les analyses de M. Cooper avec les résultats obtenus sur d'autres minerais, je prendrai d'abord ceux du district de Clydesdale, en Écosse. En agissant ainsi, je contrôle M. Cooper par Mushet, et je m'appuie, en outre, de l'autorité de Brewster pour ce qui a rapport aux minerais de fer de l'Écosse. Chacun connaît la célébrité de Mushet et des établissements métallurgiques sur la Clyde (Clyde Ironworks). Or, le grès ferrugineux de Crossbasket, qui se trouve environ à sept milles sud-est de Glasgow, est considéré par Mushet comme le minerai le plus précieux des Clyde Ironworks. Prenant alors la moyenne de neuf échantillons (1) dans le district de Clydesdale, je trouve qu'elle coïncide parfaitement avec les analyses de M. Cooper sur le minerai de fer de Tudela, chacun donnant environ trente-quatre pour cent de fer, c'est-à-dire de métal.

Comparant l'analyse de M. Cooper avec les résultats obtenus par M. d'Aubuisson, je suis conduit à une semblable conclusion; et elle continue d'être vraie, si la comparaison est établie entre l'analyse de M. Cooper et les résultats dont Klaproth, l'analyste de minerais le plus savant de l'Allemagne, a formé une table.

L'échantillon marqué n° 1 par M. Cooper se rapproche tellement des meilleurs minerais enregistrés par Klaproth, que, commercialement parlant, ils peuvent être considérés comme métalliquement identiques.

Ayant établi mon opinion, que les minerais de Tudela égalent ceux d'autres districts métallurgiques, dans lesquels peuvent être compris ceux du Lancashire et du pays de Galles, la première question à considérer est, supposant

(1) Voyez le *Journal d'Édimbourg*, de Brewster, pour l'année 1828.

que la fonte soit commencée : Quelles sont les chances de réussite ?

En Angleterre, vers le milieu du dernier siècle, de 1740 à 1770, le coke ayant remplacé le charbon de bois, le commerce du fer dépassa toutes les prévisions des fabricants de fer. En 1740, il y avait en Angleterre et dans le pays de Galles cinquante-sept fourneaux alimentés par le charbon de bois, produisant environ dix-sept mille cent quatre-vingts tonnes; lorsqu'en 1770, le coke fut préféré au charbon de bois, par nécessité, non par choix, le commerce de fer s'étendit, en suivant une progression régulière, d'année en année; et la quantité s'est accrue à une valeur d'environ cent mille tonnes par an.

La Grande-Bretagne possède, il est vrai, tous les matériaux nécessaires à la fabrication du fer: le charbon, le minerai et la castine. La sagesse prévoyante de la nature a placé avec bonté les métaux à côté du combustible et du flux requis pour les fondre. Qu'on dépense en Espagne, où ces éléments existent en abondance, la même énergie, on obtiendra les mêmes résultats. L'heureuse application du coke a relevé la fabrication du fer en Angleterre; et l'emploi des machines à vapeur soutient et augmente cette industrie, devenue, pour ainsi dire, une propriété nationale.

Le commerce de fer, en Espagne, se fait sur une échelle très-limitée par de petits fabricants qui exploitent les riches minerais de Zomorostro, dans la province de Biscaye et la contrée qui entoure Bilbao. Ils ne font usage que des fourneaux à la catalane; le combustible est le charbon de bois, et un fourneau peut fournir mille livres pesant par jour de fer malléable d'une excellente qualité, mais très-doux. Mais puisque le charbon est aussi abondant que le minerai de fer dans les Asturies, il doit remplacer nécessairement le charbon de bois, et la fabrication du fer deviendra une branche de commerce productive.

M. Cooper recommandant à l'attention de la Compagnie la fabrication du fer, c'est pour moi un devoir impérieux de vous soumettre mon opinion relativement à cette proposition. Je suis persuadé que les Asturies fourniront tout le fer en gueuses et en barres dont l'Espagne et ses colonies ont si grand besoin. Il y a plus: Tudela pourra fabriquer le fer en très-grande abondance pour les marchés du monde; car, par un perfectionnement du procédé de fusion en usage actuellement, le coke minéral de Tudela, et les riches minerais de fer qui se trouvent dans ce district en une quantité inépuisable, formeront un objet de commerce des plus productifs pour une localité qui est la véritable grande route d'une demande presque illimitée.

Le fer anglais est importé en Espagne en grande quantité. On ne fait pas de fonte en Espagne. Les articles en fonte trouveront donc une vente immédiate, plus spécialement dans l'intérieur, et donneront le même bénéfice que le fer en barres. Il est vrai que le fer fait avec du coke est, à certains égards, inférieur à celui fait avec du charbon de bois; cependant, pour un très-grand nombre d'usages, il peut le suppléer. A l'aide d'un marché de seize millions d'habitants, a fabrication du fer trouvera nécessairement des débouchés faciles, permanents et toujours croissants; et si l'agriculture, l'industrie et le commerce prennent, comme il faut l'espérer, une certaine extension en Espagne, il n'y a pas de limites à l'accroissement du commerce de fer et aux bénéfices des maîtres de forges.

M. Cooper nous a fait connaître les mœurs des Asturiens; tout fait donc présager que les habitudes laborieuses de cette population et le désir d'être occupée pour améliorer son sort, influeront avantageusement sur le progrès des opérations de la Compagnie.

Il y a une circonstance très-favorable à la fabrication du fer dans les Asturies. Par l'article vingt et un de la loi de mil huit cent vingt-cinq, les propriétaires de mines ou de forges sont autorisés à se fournir gratuitement de bois, planches et charbon de bois dont ils peuvent avoir besoin, ainsi que des pâturages et fourrages pour toutes les bêtes de somme, de trait ou de selle, qu'ils peuvent employer. Il ne faut pas non plus perdre de vue le bas prix de la main-d'œuvre : il est de trois réaux (sept et demi deniers) pendant l'hiver, et quatre réaux et demi (onze deniers) pendant l'été, dans toute l'étendue des Asturies. Combinant donc l'exploitation des terrains houillers avec la fabrication du fer, et considérant aussi la possibilité de construire, pour une somme très-modique, un chemin de fer de Tudela au magnifique port de San-Esteban, en suivant la pente du Nalon, il est évident que, quoique la consommation *actuelle* de l'Espagne soit à peine suffisante pour donner un débouché à des travaux conduits sur une grande échelle, néanmoins l'accroissement des demandes et les marchés étrangers enlèveront tout le charbon et tout le fer produits par ces établissements.

Prenons pour exemple la consommation du charbon en France. Ce pays consomme annuellement cinq millions de tonnes, et n'en produit pas trois millions. Aussi tous ses ports de l'Ouest reçoivent du charbon et du fer anglais. Or aucune concurrence ne peut lutter avec les riches produits de Tudela. En effet, sur toute l'étendue de la côte de France, de Calais à Bayonne, aucun terrain houiller de bonne qualité n'a encore été trouvé. Je conclus de là que la Compagnie pourrait, avec un grand avantage pour elle-même, contracter, avec le gouvernement de France, un engagement pour approvisionner de charbon ses navires à vapeur et ses travaux publics sur la côte occidentale et orientale, particulièrement les grands arsenaux de Rochefort, Brest, Toulon et Marseille, ainsi que pour la confection des grandes lignes de chemins de fer qui s'exécutent en vertu des ordres du roi et des chambres.

Pour confirmer ce qui précède, je dirai qu'il est à ma connaissance que des propositions ont été faites à la Compagnie, et qu'un marché provisoire a été passé dans ce but. Il y a tout lieu d'espérer que le temps n'est pas éloigné où la Compagnie des charbons et fers asturiens pourra répondre affirmativement à toutes propositions de ce genre qui lui seraient faites par d'autres puissances.

En résumé, je suis d'opinion que la Compagnie possède

d'excellents charbons et de riches minerais de fer dans ses concessions de Tudela et d'Anèves; enfin, que les différents marchés du monde sont ouverts à tout ce qu'elle pourra produire.

Alex. Jamieson,
Docteur ès sciences, ingénieur civil consultant.

Chelsea, le 26 octobre 1842.

Je soussigné Charles Hasenfeld, traducteur-interprète juré, assermenté pour les langues européennes, certifie que ce qui précède est une traduction fidèle et conforme à l'original qui m'a été présenté, et que j'ai rendu après l'avoir signé, *ne varietur*. En foi de quoi j'ai signé, le 12 octobre 1842.

Signé : Hasenfeld.

www.ingramcontent.com/pod-product-compliance
Ingram Content Group UK Ltd.
Pitfield, Milton Keynes, MK11 3LW, UK
UKHW020409220726
13923UKWH00004B/1839

9 782019 918170